Jsi světlo a to je nezničitelná pravda.

Věnováno těm, kdo hledají světlo v životě.

První vydání v anglickém jazyce vyšlo ve Velké Británii, USA, Austrálii, na Novém Zélandu a v Kanadě:

Lightning Source Inc., 1246 Heil Quaker Blvd, La Vergne, TN 37086, USA

www.ingramspark.com

V České republice kniha byla vydaná prostřednictvím:

Kosmas s.r.o., Lublaňská 34, 120 00 Praha 2

ISBN: 978-80-260-8287-3

Tisk ve Velké Británii

OBSAH

Tajemství života je fascinující pohled na duchovní cestu a růst mladého muže jménem Jakub Tenčl. Hypnoterapeut a na slovo vzatý profesional Jakub nás vezme na procítěnou cestu skrze teorii „lovefullness" a duchovního probuzení přímo k hrdinské cestě. Strhující a z hloubi srdce tryskající, v němž nezůstává kámen na kameni, „svépomocný" a duchovně rostoucí osvícený román. Často se přistihnu, jak listuji stránkami většiny knih o svépomoci, hledaje, zda je tam něco nového, co bych se mohl naučit. Ale ke každému slovu v této knize jsem byl doslova přilepený. Jakub v tolika z nich pokládá otázku. Žili jste svůj život? Milovali jste svůj život? Odpustili jste? Žili jste láskyplný život? Nyní více než jindy přichází tato kniha v důležitém období naší historie, protože více a více mladých i starých se obrací k hledání hlubších odpovědí uvnitř sebe sama. Jaký je smysl života? Jak ho mohu nalézt? Jaký je můj skutečný smysl života? Jakub nám nabízí autobiografický pohled na svůj život v Evropě a jeho dobrodružství při cestě na Dálný východ. Vřele vám tuto knihu doporučuji, pokud jste hledač na

---

¹ Klinický Hypnoterapeut, učitel kundalini jogy a meditace

duchovní cestě nebo hledáte procítěný příběh s nádechem mindfulness nazývaný také lovefullness. Příběhy a metaforami hluboké pravdy se tato kniha dotýká základních principů Buddhismu i novodobých myšlenek. Je to kniha pro věk „*střelce*", která otevírá srdce lásce, porozumění, duchovnímu uvědomění a závazku k dharmě lásky a míru. Kdekoliv jste na své duchovní cestě, naleznete v této knize část rezonující s hlubinami vašeho nitra. Pocítíte svou srdeční čakru, která se začne otevírat, květ lásky vašeho třetího oka vstoupí do moudrosti všech věků. Minulost, přítomnost a budoucnost. Otevřete své srdce a mysl tajemství života. Otevřete své srdce a mysl lovefullness.

Duchovní cesta nemůže být oddělena od vlastního života. Protože duchovní cesta a náš životní příběh jsou jedno a to samé. Pouze skrze naši vlastní životní zkušenost je možné rozvinout vnitřní já k přirozené realitě. Vidět záblesk Jakubova života a jeho cesty skrze jeho život a jeho mistrovství je jako sdílení něčeho velmi intimního a vzácného s další bytostí. Mysl je zdroj všeho. Co by mohlo být více intimní a blíže než objevit společně s další bytostí skutečnou přirozenost mysli? Jak už víme z pohledu kvantové fyziky, je to naše mysl, naše vědomí, které je primárním zdrojem jakékoliv zkušenosti, jakékoliv manifestace všeho, co je. Znám Jakuba z dob, kdy jsem vědomě vstoupila na svou vlastní cestu objevování skutečné přirozenosti reality. Protože neexistují žádné náhody, viděla jsem jeho přítomnost v mém životě jako významný a důležitý aspekt mého vlastního procesu začátku uvědomění mé duchovní cesty. Během tohoto významného období v mém životě si pamatuji hodiny a hodiny povídání s ním o mistrovství života. Potkávali jsme se pravidelně v různých čajovnách a kavárnách nádherného

---

[2] Učitelka Buddhismu Diamantové cesty Karma Kagju, zakladatelka Mind Institute

centra Prahy. Jakub má úžasný dar inspirovat ostatní v hledání pravdy uvnitř jejich vlastní zkušenosti, raději než jen věřit nebo následovat někoho jiného. On je žijící příklad zvědavosti a soucitu a toto se později promítlo v jeho práci v lovefullness. Ale důležitější je, že je vždy příklad toho, co znamená být vlastní vedení ke světlu s důvěrou k Vaší Vlastní zkušenosti. Jeho biografie je návod pro všechny, kdo si přejí zažít život v jeho plnosti. To, co se chystáte číst v jeho knize, není jen životní příběh mladého muže, ale i nedotčený a idealistický přístup k objevování tajemství života a *„za ním"*, skrze oči jasné zvědavosti. Jakubův příklad a cesta skrze jeho život ukazují, že každý jedinec je tak silný, jak potřebuje být, mít cokoliv, co si přeje v životě, aniž by musel ublížit sobě nebo někomu jinému ve snaze to získat. Pojďme se ponořit do této nevyčerpatelné nádoby objevování nekonečných možností mysli a mistrovství života. Je to mimořádná cesta pro každého z nás a to obohacuje náš život jak jednotlivě, tak i kolektivně. V podstatě jsme jedna rodina. Každá zkušenost a příběh má důležitou a hodnotnou zprávu, stojí za to ji sdílet, protože každý příběh je jedinečný a zvláštní a dokonale doplňuje celou mozaiku obrázků všeho, co je.

Když jsem psal tuto knihu, měl jsem nápad složit relaxační hudbu[3] se stejným názvem. Ale když jsem nazval toto album, použil jsem nevědomky název „Moc mého života". To bylo zajímavé, protože moc a tajemství nejsou daleko od sebe. Co můžete vidět mezi těmito slovy? Já nevidím rozdíl, vidím proces; tajemství přichází s mocí. Znalost tajemství dává moc. Každý má volbu, jak onu moc využije.

Když jsem byl mladý, ve věku méně než 10 let, byl jsem přitahován tajemstvími. Později jsem si to uvědomil. A nyní bych rád sdílel svůj život jako tajemství a zázrak současně.

Vždy jsem měl tendenci zajímat se více o druhé a nikdy jsem příliš nemluvil o vlastním životě. Toto je můj první krok, jak ukázat své pocity a životní situace. Doufám, že můj život vás bude inspirovat tak jako mě.

Psal jsem tuto knihu téměř čtyři roky a v tomto období nastalo mnoho změn. Zdá se, že s věkem přichází přirozeně více životních změn. Nebo jsem začal psát, když jasné změny byly přede mnou. A to je pravděpodobnější, protože na začátku jsem se přestěhoval do Velké Británie s vizí, které (řekl bych) jsem definitivně dosáhl. Jsem

---

[3] Dostupná online na www.supraphonline.cz, The Mystery of Life

přesvědčen, že veškeré dění z mého dětství mě dovedlo k současnému stavu.

Od dětství jsem vždy chtěl napsat knihu. Začal jsem na základní škole. Napsal jsem příběh „O dvou sklenkách". Byly to dvě stránky formátu A4. Šel jsem pak za svým kamarádem a zeptal se ho, zda by byl ochotný poslechnout si můj příběh. A tak jsem začal číst. Upřímně, byl jsem nadšený. Bylo to, jako bych napsal něco z mého srdce. Cítil jsem se v tom velmi silně.

Na střední škole jsem se doslova stal součástí školního časopisu, jehož jsem byl šéfredaktorem. Bylo to úžasné dobrodružství. Časopis se jmenoval „Osvěta". Vždy bylo o čem psát. Pamatuji se, že jsem také přispíval do místních novin v Praze 5. Noviny se jmenovaly Narovinu. Publikovaly mnoho článků poukazujících na problémy společnosti. Článků velmi upřímných. Také jsem psal jenom pro sebe. Říkal jsem si: Co když to jednoho dne využiji? Mnohem dříve, v období, kdy jsem byl na základní škole, jsem měl i deník. Rovněž jsem si říkal, že jednoho dne někdo najde můj deník a on nebo ona uvidí, o čem byl můj život.

Jsem si vědom nemožnosti napsat všechno, ale psaní bylo vždy mou inspirací. Můj záměr je pokračovat v psaní knih až do doby, kdy vše bude napsané. Vidím život jako inspirativní zázrak mající mnoho tajemství. Věřím, že začátek nemá konec. Protože začátek něčeho je proces. A ve skutečnosti neexistuje. Každý nový začátek je jen odkloněním na cestě. Moje knihy a příběhy tedy budou sdíleny po zbytek mého života.

Někdo mi řekl, že v mém věku je příliš brzo napsat autobiografii. K tomu bych rád řekl, že nikdo neví, co se stane zítra. V každém okamžiku je možné zemřít. Napsání knihy bylo vždy mým snem, tak proč si ten sen nesplnit právě dnes? Sny by se měly plnit. A nezáleží na tom kdy. Jestliže to ve vaší mysli je, nechat to na později není řešení. A pokud to je ve vašem srdci, dovolím si říci, že je povinností to následovat.

KAPITOLA 1: NARODIL JSEM SE

„Motivovaná tajemstvím přišla jsem do Cricklewoodu a hledala muže, kterého jsem potkala jen na obrázku. Byl oblečený celý v bílém jakoby na oblaku, oči klidné a jemné. Pohrávala jsem si s myšlenkou, vytvořit si očekávání. Ale záhada obklopující dobrodružství přemohla mou vůli nakreslit jakékoliv předsudky. Jsem ráda, že se tak stalo, protože to vypadalo, že naše setkání byl obraz. Čistý a bílý jako roucho, ve kterém jsem ho poprvé viděla. Vypadalo to, že barvy, kterými jsme malovali naši spolupráci, budou živé a přirozené. Tón, který Jakub přenesl na plátno, jeho hlas, vystupování a pohled, mě překvapil. Jakub je velmi ryzí stvoření."

Pár slov o tom, jak se moje kamarádka cítila, když mě potkala. Mluvili jsme o lovefullness[4], vysvětloval jsem základní strukturu toho, co lovefullness je. Měla zájem především o léčení.

Přemýšlím o tom, kde byl začátek všeho. A upřímně musím říct, že nevím. Nepamatuji si jakékoliv první uvědomění, kde bych mohl říct něco jako – tohle jsem já. Ale byla to cesta hledání sama sebe. Jak nyní vidím, vždy jsem žil s jakousi ochranou. Kdykoliv se něco stalo, byl jsem jinde, mimo nebezpečí. Dnes mi někteří senzibilové říkají, že cítí v mé přítomnosti nespecifický fyzický jev. Během svého dětství jsem si tohoto jevu nebyl vědom. Třeba to zní jako závěr, ale na následujících stránkách s těmito řádky možná budete souhlasit.

Rád bych v této části vysvětlil něco o snech. Konkrétně jaké místo zaujímají v našem životě. Myslíme si, že sny nesouvisejí se skutečností, jak ji chápeme. To není pravda. Sny jsou jen krůček od stavu, který je blíže skutečnosti, než bychom si přáli. Dokonce i psychologové přijali myšlenku jakéhosi spojení mezi sny a našimi každodenními životy. Část této pravdy začíná tím, jak sny postihují naši realitu. To se netýká jen nás. Nyní je lépe zmínit, že jste zdroj všeho. Můžete jít skrze jakékoliv sny, což je jedna z mnoha schopností, které máte. Někdy můžete objevit své schopnosti, když dokážete propojit více detailů skrze vaše vhledy, protože víte, že jste zdroj.

---

[4] Kniha "Lovefullness: Terapeutická metoda sebepřijetí" dostupná také v distribuci Kosmas

Když jsem byl dítě, měl jsem mnoho snů. Pamatuji si ty nejsilnější. Nejprve to bylo o mém narození. Byl jsem někde v prostoru s důležitou myšlenkou v mé mysli. Věděl jsem, že se musím rozhodnout, kde by bylo nejlepší se narodit. Viděl jsem mnoho míst velmi jasně, ale nakonec tam bylo místo, kde nebyly žádné pochybnosti. Neměl jsem co říci. Bylo to jako prázdnota. Neměl jsem slov ani touhy, jen naplnění. Přemýšlíte-li, jaké místo, je uvedeno neurčitě; to je v lovefullness většinou důležité: Měli byste vědět, že obsah není důležitý. Pokud pak budete přemýšlet o místě, čase a datu, nebudete schopni cítit. Buďte teď a tady. To otevírá zcela nový prostor a dokonce více než to.

Poté tam nebylo nic, ztratil jsem vědomí, zcela se rozpustilo. Pak jsem se dostal do matčina lůna. Pamatuji se, že jsem otevřel oči jen na jednu sekundu a to bylo vše. Sen, který jsem cítil, byl tak skutečný, že jsem přesvědčen, že to nebyl jen sen, že se to stalo. Zde bych rád řekl, že sdílení snů není příliš užitečné. Vaše sny obsahují vaše vlastní pocity, a proto slova nedostačují k vyjádření snů. Posluchači jsou schopni obvykle chápat možná deset procent vaší představivosti. Sny zde popisuji z toho důvodu, protože vím, že mluvím o něčem, co je vám známé, ale zatím o tom nevíte. Přinášíte na tuto zemi světlo! Všichni mají tento potenciál. Naše vibrace jsou podobné. Cokoliv děláte, přitahuje pouze podobné vibrace, podobné lidi. Představte si sebe naplněné světlem, že jste obklopeni světlem a že z vás září jeho nekonečné paprsky. Pokud s tím rezonujete, máte ve svých rukou správnou knihu.

Pamatuji si další sen, kde vše, co se stalo, bylo v budoucnosti. Možná to zní zvláštně, ale všechny další příklady a jejich vysvětlení s využitím lovefullness vás přesvědčí o novém pohledu na tento svět. Připusťme, že realita a sny jsou to samé. (O tomto aspektu budeme také mluvit později.) V mém snu jsem byl se svým otcem a pomáhal jsem mu s jeho prací. Později jsem si uvědomil, že ve skutečnosti se tak vše stalo. Oproti snu jsem si mohl uvědomovat svůj dech a pocity. V mém snu vše, co jsem dělal poté, bylo jako sledování filmu, kde jsem byl hlavní postavou. Bylo osvobozující vědět, že to byl sen, kde jsem byl zcela v bezpečí, a nic mě nemohlo ovlivnit. Mohl jsem se rozhodovat libovolně, jen proto, že jsem věděl, že je to možné. Cítil jsem, že slova nebyla dostatečná. Bylo to tak skutečné. Probudil jsem se a řekl si, že ten sen nebyl důležitý. Ale po pár dnech se to skutečně stalo. Rozdíl byl v tom, že jsem si uvědomil souvislost s mým snem.   Zastavil jsem v tu chvíli veškeré své aktivity. A pak přišel okamžik déja vu. Bylo to jako dvě reality v jedné a byl jsem si zcela jistý, že toto už se stalo. Vzápětí jsem si automaticky připomněl celý svůj sen. Tento okamžik déja vu byl nekonečný. *O pár let později jsem zjistil, že tento moment má nekonečnou sílu. A každá bytost má tuto schopnost a potenciál.* Poté jsem vše řekl svému otci a on odpověděl: „To je nemožné. Nemůžeš vstoupit dvakrát do jedné řeky." A já řekl: „Dobrá."

Ale později jsem měl více snů. Další sen proběhl stejně. Měl jsem sen, který jsem později skutečně prožil. „Dvakrát nevstoupíš do jedné řeky" je indické přísloví, které můj otec opakoval velmi často. A to nebylo jen při pochybách o mém snu. Můj otec mi nevěřil ani podruhé. To mě motivovalo soustředit se na čas a datum v mém dalším snu a také jsem to udělal. Nějak jsem věděl, že můj další sen přijde brzy. Vše, co jsem si pamatoval z tohoto snu, bylo, že věci byly téměř přesně stejné. Pomáhal jsem svému otci. Chtěl jsem být s ním a vše prokázat. Ono vědomí, že jsem byl znovu ve svém snu. Tentokrát jsem změnil, jak to mělo být a ověřil si čas a datum. Ukázalo se, že datum a čas byl stejný jako ve snu. To mě ohromilo.

Co vlastně změna znamená? Věděl jsem, jak má situace v mém snu proběhnout a co bude následovat. S vědomím, že jsem ve snu, se objevila vize, co se přesně stane. Mohl jsem se tak rozhodnout, co by šlo udělat jinak. Co se stalo v mém snu, stane se v realitě. Věděl jsem, co nastane, než se to stalo. Věděl jsem, že se něco musí stát, pokud udělám změnu. Proto jsem se rozhodl být pouze pozorovatel a najít skutečnou podstatu všeho. V mém dalším snu jsem se soustředil více na detaily. Jako sekundy nebo jak změnit běh událostí něčím, co nebylo součástí snu, a toho jsem dosáhl. Pravděpodobně nastavené podmínky mi ale nedovolily změnit skutečnost, dokud se stejná myšlenka neobjevila i v mém snu. Pak jsem cítil, že realita byla jiná díky malé změně, kterou jsem udělal. Bylo to jako bych byl tvůrce reality. Svoboda toho se zdála být nekonečná. Začal jsem si tedy v mých dalších snech hrát, dokud zcela nezmizely. Možná jsem obdržel lekci, zprávu, která byla míněna jen pro mě. Ale jakou zprávu, to nemám ponětí. Jsem si zcela jistý, že podobnou zkušenost má mnoho lidí. A co vy? Může být obtížné tomu věřit, ale hlavní sen, který mě v životě ovlivnil, byl ten, ve kterém jsem viděl vlastní smrt. Bylo mi asi sedm let. Ve snu jsem ležel na posteli a cítil jsem, že pokud zavřu oči v tomto těle, zemřu. Byli kolem mě lidé a cítil jsem, že někteří byli členové mé rodiny. Neměl jsem dostatek sil cokoliv říci nebo udělat. Ale myslel jsem na to, že pláč mi na mé cestě nepomůže. Tak jsem zavřel oči a se strachem je otevřel v realitě. Šel jsem si číst komiksy, což mě uklidnilo. Cítil jsem, že jsem neměl sílu s tím, co se stalo v mém snu, cokoliv udělat. Nebojím se říci, že se tento sen naplní. Vím, že jednou se stane skutečností. To je úžasné, protože jsem dostal příležitost udělat změnu, získat svobodu. Jako dítě jsem neměl ponětí, co dělat. Měl jsem informaci z tohoto snu v každé buňce svého těla velmi dlouhou dobu. Možná to je důvod, proč to, co následovalo, změnilo můj život. To byl můj začátek. Začal jsem hledat sebe skrze duchovní cesty. Dnes jsem za to vděčný. Vím, že smrt není nic tragického. Čas od času potřebujeme vyměnit naše „šaty". Proč ne? Prostor mezi smrtí a životem je známý. Život, jaký žijeme, je přípravou pro naši cestu skrze tento prostor. To určí naše příští zrození a stav mysli. Můžete být připraveni rozpustit se ve světle po smrti. Není tam žádné utrpení.

Je zajímavé, jak se věci dějí. Například, než jsem začal psát tuto knihu, měl jsem velmi zajímavá setkání s lidmi, kteří mi řekli, jak se bude můj život vyvíjet. Mezi věcmi, které mám ve svém životě udělat, bylo napsání této knihy. Kdykoliv na ní pracuji, dějí se kolem mě zvláštní věci, něco jako znamení. Vidím kolem sebe mnoho krásných věcí a lidí a je to, jakoby lidé byli ochránci, kteří mi pomáhají knihu dokončit. Někteří z nich mi dokonce pokládali otázky na ulici, což není vždy obvyklé. Myslím, že záleží i na tom, co se děje poté. Pokoušeli se mi připomenout, že nejsem sám, že mi s mojí prací pomáhá mnoho bytostí. Cítím to ve svém životě jako požehnání. Jako něco, co mě činí šťastným. Je to, jakoby se otevíralo více kanálů, které mi pomohou dokončit každou část knihy.

Po onom silném snu, v němž jsem umřel a který pronikl velmi hluboko do mého nitra, začal jsem vidět svět jinak. Naše základní škola byla vedle kostela. Pamatuji si ho jako velkou budovu bez oken. V té době jsem hledal útočiště. Nikdy předtím mě nenapadlo, že se možná rozhodnu navštívit kostel. Byl to úžasný zážitek. Cítil jsem nekonečný klid, který mezi těmito zdmi vstoupil do mého srdce. Poprvé jsem si sedl a upřímně cítil neomezený klid. Byl jsem uvnitř sebe. Mír a svoboda vibrovaly v každé mé buňce.

KOSTEL PANNY MARIE VÍTĚZNÉ
V KARMELITSKÉ ULICI V PRAZE

Věděl jsem, že to, co jsem měl prožít, bylo to, co jsem už znal z dřívější doby. Je těžké to dále popsat slovy. Pravděpodobně pro někoho z vás není představitelné přemýšlet o stavu v absolutním tichu. Ale všichni jdeme někam, kde realizujeme svůj potenciál. Myslím, že cesta, kterou můžeme naplnit, vede pouze skrze vnitřní pokoj, hledáním čehokoliv, co je schopné vám dát mír a klid.

Jednoho dne budete odpočívat a zjistíte, že všechny kameny jsou z vašeho srdce pryč. Všechno se uvolní. (Později bych rád popsal něco o akumulaci.) Dovedete si to představit? Trvalo to možná tři hodiny, kdy jsem cítil přítomnost a nic jiného. Všechny vědomé myšlenky byly pryč. Později jsem přemýšlel o tom, že bylo velmi důležité, že jsem se naučil modlit. Protože když jsem přišel do kostela, moje srdce bylo s každým dnem více a více otevřené. Muselo tam být něco, co jsem dělal jinak, když jsem se modlil. Můj otec mě naučil, jak se modlit. Řekl mi, co bych měl říci. Nakonec to bylo jinak. Protože místo následování pravidel jsem následoval své srdce. Šel jsem do kostela a v pozici při modlení jsem řekl slova nahlas. To bylo úžasné. V prostoru bylo mnoho ozvěn. „Moje slova letěla skrze vesmír a dotýkala se hvězd." Všechno bylo tak skutečné a zdálo se to být tak nekonečné, velmi blízko jsem cítil nějaké uvědomění. Nevěděl jsem, co očekávat, ale cítil jsem, že cokoliv bylo možné a v mé moci.

Pamatuji si podobnou situaci o mnoho let později, když jsem začal meditovat. Zkusil jsem mnoho různých způsobů meditace. Bylo to součástí hledání mé cesty. Během tohoto období jsem se také učil bojovým uměním, ve kterých jsem cítil určitou duchovní cestu. Pamatuji se, jak se jednoho dne moje pocity změnily. Ve svém životě jsem vždy vyhledával příležitosti k rozvoji. Myslím, že pro celkový rozvoj je praktické najít řešení emocionálního problému nebo jiného nepříjemného tématu. Vidím, že je pouze jediná cesta, jak rozpoznat rozvoj, a to je vidět výsledky. Bojová umění mají velmi hluboké duchovní kořeny, ale v našem západním myšlení většinou pouze sledujeme účinnost v něčem, co může být měřeno, a máme tendenci očekávat něco podmíněného. Možná jsem byl v minulém životě válečník, protože intuitivně vnímám onen přístup, který nemá schopnost ukázat, co je za bojovým uměním. Nejdůležitější věc je stav mysli. Řekl bych, že všichni to ví, dokonce i většina mistrů. Co však chybí, je ticho v mysli a mír uvnitř nás. Pro snadnější porozumění, zjistil jsem, že musíte být schopni rozpoznat *„cokoliv"*, co činí vaše srdce klidným a lehkým. Nezáleží na tom, co to je. V jediném okamžiku je pak všechna *„tíha"* pryč. Takto jsem následoval svoje pocity. Jak jsem řekl, moje intuitivní zkušenost v bojových uměních *„z časů před tímto"* byla rozhodující.

V tomto životním období jsem si byl jistý, že bych si měl vybrat něco jiného, ačkoliv jsem dělal mnoho cvičení, a to i několik hodin každý den. Přesto jsem necítil plnost. Jinými slovy duchovní a emocionální úplnost. Otázka by mohla být proč? Obvykle se domníváme, že úsilí by mohlo něco přinést. Ano, je to pravda, ale je to pouze polovina pravdy. A někdy ani to ne, když myslíte, že cílem je úspěch. Jednoho dne jsem si koupil časopis, který obsahoval seznam všech meditačních skupin a rozhodl jsem se jít do první z nich v seznamu. Možná moje intuice mi napověděla, kterou si vybrat. Rozhodně jako vždy jsem následoval své pocity. Když jsem byl v další meditační skupině na veřejné meditaci, po jejím skončení jsem cítil něco, co zcela rozpustilo vše ostatní kolem. Bylo to jen vědomí, jakoby v něm nebyly žádné hranice. Vnímal jsem mnoho zvuků kolem. A ony mnou procházely jako energie, tak jasná a nepopsatelná a naprosto dokonalá. Moje tělo bylo v dokonalé harmonii samo v sobě a se světem kolem. Věřím, že pro lidi, kteří něco takového zažívají, má svět jiné vibrace. Nikdy předtím jsem nezažil takový pocit svobody. Možná tam bylo něco podobného, jako v mých snech. Byl jsem příliš mladý na to, abych si uvědomil, co se opravdu děje.

Mnoho meditačních učitelů říká, že pocity, které máte ve svých meditacích, je lepší si nechat pro sebe. Od okamžiku, kdy se stanou vaší vlastní zkušeností, vám pomáhají pouze ve vašem rozvoji. Jakmile však naleznete „*smysl*" vašeho vlastního vnitřního míru, naleznete „*zdroj*", se kterým nikdy neztratíte spojení. Vysvětlování vašich pocitů budou mít jiný nádech a význam. Nebude záležet na tom, jaké slova použijete, protože vše vám bude dávat hluboký a jasný smysl s nebo beze slov. Když píšu tyto řádky, všechny pocity, které popisuji, jsou slovy, která, jak víte, jsou nedostatečnou reprezentací pocitů. Slova jednoduše a velmi často nejsou dostatečná. I když to není nezbytně nutné, myšlenky a zážitky jsou v prostoru jako světlo a všichni v něm jsou propojeni. Všechny informace se nakonec stávají jedním a tak jste součástí zdroje. Je to nám známý a nehmotný stav mysli, který poskytuje přístup k absolutnímu míru. Dovolte mi malé vysvětlení k tomu, co mám na mysli. Myšlenky a emocionální zkušenosti jsou jako světlo v prostoru. „*Informace*" je klíč. Současné znalosti nám umožňují využít světlo k přenosu informace z jednoho místa na druhý. „Světlo je informace a my jsme světlo." Každý atom v našem těle vibruje díky tomuto světlu. Mimo to celý vesmír je tvořen prázdným prostorem. Kvantoví fyzici mají teorii, která říká, že veškerý prázdný prostor z celého vesmíru, vše co by zbylo, by byla malá kostka ve vaší ruce.

KAPITOLA 3. CESTA UČENÍ

Od posledního psaní neuplynulo jen pár dnů, ale jeden nebo dva roky. Ze svých zkušeností se učím podobně jako před mnoha lety a tento přístup se mi stále líbí. Před dvěma lety jsem se obával přiznat, jakou cestu jsem si zvolil po rozhodnutí začít meditovat. Nevěděl jsem, kterým směrem bych měl jít. Bylo jasné, že jsem si musel najít práci, a tak jsem si vybral něco, co už jsem částečně znal. To byly technologie, přesněji počítače. Když měl můj otec svůj první počítač v době mého dospívání, bylo vzrušující hrát na něm hry, což byl způsob, jak jsem se naučil ovládat počítače. Zajímavé bylo, že často jsem jen *viděl* trochu nových informací. Takto pro mě bylo velmi snadné učit se nové věci. Jeden můj kamarád mi řekl, že je úžasné, jak jsem schopný absorbovat nové informace bez toho, abych cokoliv o tom slyšel nebo četl. Tak se ukázala moje silná schopnost coby pozorovatele.

Měl jsem dva životní proudy. Jeden, ve kterém jsem rostl duchovně a druhý, ve kterém jsem rozvíjel logické myšlení. Když jsem si vybral svou práci v informačních technologiích, bylo to částečně proto, že jsem neviděl jinou možnost. Naučil jsem se, že motivace je rozhodující. Protože jsem byl více v mém druhém životním proudu duchovního růstu, zkusil jsem integrovat všechny získané znalosti do mé práce. Nebylo jednoduché zároveň se učit novým znalostem a mít pracovní výsledky ve vyžadovaném čase. Jediná věc, kterou jsem si byl jistý, bylo, že musím meditovat každý den. S meditací se *„rozvíjely“* všechny podmínky. Kdekoliv jsem uvízl, to se vyřešilo. Ne proto, že bych chtěl, ale proto, že okolnosti se změnily.

Můj táta je chytrý a má rád diskuse prakticky o čemkoliv. Na začátku pro mě bylo těžké vysvětlit mu můj nový životní pohled. Pro něj všechno musí mít logiku. Něco, co je možné uchopit. Bylo zajímavé to pozorovat. Postupem času během mého rozvoje, jsem byl schopný vysvětlit mu den za dnem více a více. Později po mnoha letech řekl jednu věc, která mě potěšila. Řekl mi, že jedinou věc, kterou jsem ve svém životě udělal dobře, bylo, že jsem začal meditovat. Slyšet to bylo něco fantastického, protože on není z těch, kteří mluví o pocitech. Z jeho pohledu jsou pocity otázkou aktivity a ne mluvení o nich.

Továrna mého otce na Šumavě nedaleko Špičáku

Pamatuji si, jako dítě, že jsem byl na prázdninách v tátově továrně. Bylo to v Jižních Čechách na Šumavě prakticky uprostřed ničeho, obklopeno přírodou. Tam jsem získal docela hodně zkušeností, které jsou v mé mysli až doteď. Továrna byla jen budova. Můj otec ji koupil, protože měl sen, že ji celou zrekonstruuje. On měl často nápady, které byly úžasné, ale kdykoliv je chtěl realizovat, nebylo to jednoduché a bohužel se to často nestalo. Pro mě se v této továrně přihodilo mnoho věcí. Nejprve jsme spali ve stanech, ale po nějakém čase jsme mohli být v nově zrekonstruované malé budově se třemi místnostmi. Pamatuji si, že v tomto období jsem si pečlivě každý den psal deník. Nevím, jak se to stalo, ale byl jsem docela dost inspirován. Například jsem se rozhodl opravovat poškozený nábytek. Uvnitř továrny jsem našel hodně věcí a mezi nimi byl také nábytek. Jeden stůl se šuplíky se později stal mým stolem. Bylo moc příjemné, když jsem seděl, za zády zeď a přede mnou továrna s otevřenou střechou, skrze kterou byly vidět lesy a zelené kopce na horizontu.

Můj otec měl nápad promítat filmy pro místní lidi, což bylo docela romantické. Uvnitř jsme připravili plátno z prostěradla. Jak už jsem zmínil, celý prostor kolem byl otevřený, nad námi otevřená střecha a obloha. Měli jsme starou promítačku velmi podobnou té, které jsem jako dítě vídával v kinech. Když večer začal a svíčky hořely, z různých směrů přicházeli místní lidé a pak, před začátkem filmu, si povídali a můj otec k tomu pouštěl vážnou hudbu. Když hvězdy zaplnily oblohu, můj otec pustil film.

Další období, kdy jsem se hodně naučil, bylo v domě mé babičky. V dětství jsem tam byl častokrát během letních prázdnin. Pamatuji si, že v té době jsem praktikoval bojová umění. Jednoho večera jsem chtěl dělat své denní cvičení. Protože bylo léto a teplota venku nebyla nízká, rozhodl jsem se cvičit pod širým nebem. Tráva nebyla vysoká a obloha byla jasná, plná hvězd s úplňkem osvětlujícím zemi. Začal jsem. Každý můj pohyb byl tak pomalý, jako když list padá na hladinu ticha a můj relaxovaný dech souzněl s každým jemným pohybem. Cítil jsem hluboké spojení, nemohu říci s čím přesně. Skrze toto cvičení jsem cítil, že jsem hluboko uvnitř, později, jako bych se stal „vesmírem", propojený s každým atomem. Když říkám atom, mám pocit, že je lepší říci vibrace. Je to jen rčení, když říkáte „já s tím rezonuji". Předtím, než se to pokusím vysvětlit, rád bych vysvětlil mou další realizaci. Pamatuji si, když jsem si jako dítě užíval studií fyziky. Jednou jsem šel se svým otcem domů a cestou jsme diskutovali o některých mých nápadech. Cítil jsem se jako vynálezce s vášní hledat něco nového. Pro mě jako pro dítě to byla skvělá hra. Naši diskuzi jsme uzavřeli něčím pro mě novým. Díky tomu jsem cítil takové vzrušení, že jsem objevil něco nového. Otec mi to potvrdil. Poté však řekl, že už to bylo objeveno. To mě trochu zklamalo, ale zároveň motivovalo nepřestávat v úsilí dál objevovat.

Dům mé babičky v Přívěticích

Proč vibrace? Pokusím se to vysvětlit. Vidíme objekty jako hmotné formy, které jsou omezené svými tvary. Takto vědomě vytváříme oddělenost. Všechno v prostoru se skládá z forem, takže co když tyto formy vytvořilo světlo? Pokud by to byla pravda, pak jsme formami světla. Z fyziky víme, že všechno se skládá z atomů. A atomy musí vibrovat, protože vibrace způsobuje pohyb, což je předpokladem vytvoření nových forem. Nic nekončí. Na základě tohoto principu, prostor vždy bude manifestovat pohyb. Když je něco ve formě hmoty, jak ji vidíme, můžeme vyloučit stáří. A to lze uzavřít, že prostor má jednu schopnost – že vše je v pohybu. Mimoto vibrace obsahuje informaci a víme, že to jsme schopni využít v počítačových technologiích. Otázka zní, jak je možné přenést informaci z bodu A do bodu B? To se netýká jenom toho, jak fungují počítače, ale co informace znamená v prostoru. Protože informace se nemusí nikam přenášet. Když započalo stvoření, informace se zrodila. Ve stejný okamžik je tato informace všude. Je neomezená. To bylo prokázáno ve výzkumu, kde jeden subjekt měl myšlenku a ve stejnou chvíli další subjekt na jiném kontinentu měl z nějakého důvodu tutéž myšlenku. Vědci tak objevili tzv. *„biofoton"*, který je schopný se pohybovat rychleji než světlo. Tento výzkum bych nazval jako základní. Jsme schopni nějakým způsobem cítit „pravdu". Každé stvoření ve vesmíru je toho schopné. Co když objevíme samotný akt stvoření informace? Bez ohledu na to, co informace obsahuje, jak se objevuje v prostoru? Jiná výzkumná studie šokovala vědce, protože byli svědky zrození atomu ve vakuu z ničeho. To vyvolalo mnoho otázek.

Nedávno jsem byl na koncertu vážné hudby a na mysl mi přišla úvaha o významu vibrace. Říkal jsem si, proč neustále produkujeme zvuky, ať už vědomě nebo bezděčně? Hudba je vášeň pro sdílení něčeho nevyřčeného. Informace ukrytá ve zvuku neustále mění svou vlastní úroveň modulace. Řekněme, že zvuk je vibrace něčích vlastních pocitů, které jsou do něj vtisknuté. Co když je naše tělo stvořeno z vlastní hudby? Myslím, že nyní bychom měli být schopni změřit jakoukoliv frekvenci objektu v klidovém stavu a je jasné, že nám tak mohou vyjít nejrůznější údaje. Čím citlivější tato měření jsou, tím vyšší čísla dostaneme.

Možná to vypadá, že to, co říkám je pouhá teorie a že to není prokázané ani žádným výzkumem. Za prvé, vaše intuice je nejlepší, je jedinečná a dokonalá. Někdy je těžké rozpoznat jazyk vašeho srdce a být dostatečně citlivý vidět samotnou pravdu. Doufám, že nyní to je jiné. Cítíte něco jako určitou možnost, že toto je pravda? Možná je hluboko ve vašem nitru pocit uvolnění, které obvykle vyjadřujeme slovem: „Aha". Předpokládejme, že máte tento pocit. Něco podobného můžete zažít čtením některých knih. Nebo když někoho potkáte a v jediném a nečekaném momentě jste inspirováni. Je vlastně zajímavé, co se skutečně děje, když jste naplněni tímto „Aha pocitem". Víme, že cokoliv zažíváme, je na základě vzpomínek. Vše co vidíme, identifikujeme s tím, co známe, tedy s našimi vzpomínkami. Co když v těchto momentech máme spojení se zdrojem? A zde opravdu začíná příběh o zdroji. Zdroj je naší podstatou, všeho, co je ve světě stvořené. Cítím, že při propojení se zdrojem jsou lidé schopni rozšířit svá vlastní omezení do nekonečných úrovní, protože zdroj je základní jednotkou vesmíru. Jinými slovy, že jsme schopni si uvědomit svůj neomezený potencial. Mít zdroj znamená mít schopnost vytvořit konstantní pohyb, což dává nekonečně možností, nebo neomezenou sílu.

Chápání toho, co je Zdroj, je možná pro někoho z vás příliš abstraktní, ale pokusím se to vysvětlit z nejrůznějších pohledů. Měl jsem mnoho příležitostí to vysvětlovat. Někdy to bylo úspěšné, někdy to mělo opačné výsledky, protože zdroj je stav nehybnosti, který zároveň dokáže vytvořit cokoliv se základní schopností pohybu. Zdá se, že tvoření je možné pouze s jednou nutnou podmínkou, a tou je „pohyb". Z jiného pohledu, každá forma má pouze jedinou dynamiku vlastní existence, přesunu mezi nehybností a aktivitou a tento princip je tedy v nejrůznějších formách. Například velmi dobře víme, že v jednom momentě jsme šťastní a v další chvíli nás naopak ovládne hněv. Když se něco táhne, musí to být tlačeno. Přesně jako vlna v oceánu, když jde nahoru, musí jít zpět ke hladině. Nyní se to pravděpodobně stane abstraktnějším. Zdroj je k dispozici všem a pro všechno. Fyzikální zákon akce a reakce je vysvětlením, že každá akce má odpovídající reakci, což není to, o čem zde mluvíme. My popisujeme samotný akt stvoření.

Máme schopnost v tomto zdroji zůstávat. Když meditujete, vaše mysl je klidná, ale ve skutečnosti nejste ve zdroji. Za stavem klidu musí být cesta zpět k aktivitě.

Myslím, že hudba je dokonalý příklad toho, jak můžete být propojeni se zdrojem. Pamatuji si, že jako dítě jsem byl ve starém zámku nedaleko mého domova. Byla tam opravdu velká hala s klavírem uprostřed. Neměl jsem nic jiného na práci, a tak jsem si sedl ke klavíru a zkoušel hrát. Věděl jsem, že nemám mnoho času, snažil jsem se tedy soustředit. Všechno se rozpustilo a pouze zaznívající tóny pluly ve vzduchu. Zapomněl jsem sledovat čas a místo, kde jsem byl, naslouchal jsem hudbě v mém srdci a zkoušel ji hrát.

A o to tu jde, jsme propojeni se zdrojem, ale často to ani nevíme. Jakmile zvuk rezonuje ve vzduchu, je to zpráva. Zároveň je obsažena v prostoru kolem. Není třeba přesunout zprávu z bodu A do bodu B. Je obsažená v celém prostoru. Řekněme, že prostor je postaven na neustálém pohybu, že všechno by se mělo přesunout dříve nebo později, to je však omezené vnímání. Pokuste si představit, že nevíte nic o tomto principu, že všechno je obsaženo v prostoru, a proto to je opak, žádný pohyb. V podstatě vaše vědomí bude širší ve svém vlastním potenciálu. Je úžasné, že můžete být propojeni s celým prostorem a vědět o každém atomu v nekonečném vesmíru. Zní to asi nemožně nebo jako sci-fi; proč? Na základě experimentu vědci dospěli k závěru, že atomy v dokonalém vakuu jsou schopné zmizet a znovu se objevit.[5] Možná nás napadá otázka „proč?" a „jak je to možné?", ale důležitější je vědět, že žádný pohyb nenastal. Vakuum má minimální fyzické vlivy na objekty uvnitř. Není tam zákon, že každá akce vyvolává odpovídající reakci. Okamžiky spojení jsou možná srovnatelné se schopností „informace", to znamená být spojen se vším v prostoru v okamžiku stvoření.

Možná to nyní bude znít komplikovaněji, vysvětlit spojení se zdrojem v lásce, tedy v partnerském vztahu. Když se objeví láska, neznáme její okolnosti nebo jak se objevila. Naše vědomí je zúženo do jednoho

[5] Výzkumníci z Rice University zahrnuli do tohoto experimentu ultra-nízké teploty a Boseho-Einsteinův kondenzát.

bodu, jsme schopni vytvořit obrovský kanál[6] skrze někoho nebo něco jiného. Osobně vidím tuto schopnost jako často úspěšný způsob a cestu, v níž můžeme objevit neomezený potenciál.

Když jsem byl mladý, v mých šesti letech nebo možná později, neviděl jsem rozdíly v lásce. Když jsem byl v lásce, byl jsem v ní celou svojí bytostí. Je těžké popsat takový stav, ale nebyl jsem schopný cokoliv od toho oddělit. Myslím, že nejsem jediný, kdo měl nebo má tento pocit. Takže jsem byl opravdu překvapený, když mi někdo řekl, že je rozdíl mezi „miluji" a „mám rád". Poté jsem viděl, že téměř každý, koho jsem tehdy znal, tento fakt chápal. Nejsem si jistý, zda to bylo překvapení nebo zklamání, nicméně jsem se musel naučit něco nového. Později jsem si uvědomil, že tuto schopnost vnímat lásku celou bytostí není možné odstranit, i když se o to snažíte.

Viděli jste legendární film „K-Pax[7]"? Tam zaznělo: „Vy lidé, většina z vás, se hlásíte k politice „oko za oko", „život za život", který je znám v celém vesmíru pro jeho hloupost." Když oddělíte „miluji" a „mám rád", zjistíte, jak vznikla myšlenka „oko za oko". To vytváří potřebu energie.

Vlastně to je velká věc, neschopnost oddělit, ačkoliv se o to snažíte. Někdo by mohl říci, že v neschopnosti oddělovat je naivita, ale to není

---

[6] Poznámka překladatele: "channel"
[7] Uveden 22. října 2001, režisér Lain Softley (USA)

pravda. Pokusím se to vysvětlit z jiného úhlu pohledu. Jak umělci ve skutečnosti tvoří? Tyto okamžiky pro ně vlastně nemají omezení; jsou schopní vytvořit něco celou bytostí. Podobně tomu tak je, když jste zamilovaní. Vidíte nějakou oddělenost? První okamžik je tak jasný. Představíte si tento okamžik? Je to něco, co cítíme hluboko uvnitř a není nám to cizí. Příklad takového jasného momentu – pokud by se někdo zeptal: „Jak se jmenujete?" nebo „Kde jste?", nevěděl by odpověď. Proč? V mé terminologii a dle předchozího schématu by to bylo proto, že jste „zdroj", ale ještě spíše, že vaše mysl je absolutně soustředěná. Je tam oddělení typu „mám rád" nebo „miluji"? Ne, to není. Děti se učí, že musí rozlišovat, že někteří lidé si zaslouží jejich lásku a někteří jednoduše ne, ale to není nejlepší způsob. Láska je celistvost bez vyhledávání. „Jsme tvůrci toho, co se děje mezi těmito okamžiky." Bohužel bez celistvosti máme pocit lásky, ale těžko můžeme milovat.

Takže zdroj je okamžik celistvosti, zatímco jsme naprosto soustředěni; to je způsob, jak to můžete rozpoznat. Partnerské vztahy mají tyto okamžiky. To je důvod, proč se vztahem přichází aktivita. Ačkoliv nevědomě, jsme často spojeni se zdrojem.

Pojďme dále. Pochopením faktu, že jsme otevřeným kanálem[8] skrze našeho partnera ve zdroji, můžeme vytvořit absolutní bránu. Jak?

---

[8] Poznámka překladatele: "channel"

Potřebujeme vstoupit do proudu. Není náhoda, že jste spolu. Máte velkou schopnost otevřít tuto bránu. Jako lidská mysl procházející vývojem, když historie byla více o válce a o energii, nyní vstupujeme do věku, v němž je velká šance rozpoznat svět s neomezeným potenciálem.

Spojení se zdrojem jsem cítil mnohokrát. Když mi bylo osmnáct, cítil jsem, že jsem na křižovatce, pokoušející se zjistit, která cesta by mohla být moje. Proces, jak se to stalo, byl zajímavý. Nyní cítím, že okolnosti mě nevedly k volbě, kterou jsem udělal. Vlastně to nebyla vědomá volba, protože všechno přišlo spontánně bez chtění. V té době jsem viděl seriál o mistrovi kung-fu. Něco se ve mně probudilo. Něco velmi mně známého. Byl jsem totálně inspirovaný a měl jsem pocit, že život tohoto mistra nějak znám. To byl můj „aha moment". Něco podobného jsem cítil, když jsem byl mladší, bylo to na mých letních prázdninách v domě mé babičky. Sledoval jsem film „Opičí král" o opičákovi Sun Wu-kchungovi navzdory faktu, že to bylo v šest ráno. Byl jsem tak ohromený, s jakou lehkostí byl tento opičák schopný bojovat, dokázal i létat se stejnou lehkostí. Upřímně, ten příběh rezonoval s mým srdcem; stejně tomu tak bylo s jakýmkoliv filmem s bojovým uměním, ale tento byl jedinečný.

Když mi bylo osmnáct let, tento film byl stále mojí inspirací, od té doby jsem následoval příklad tohoto mistra. Bylo příjemné, když mluvil, jak moudrá byla jeho slova. Následováním mám na mysli, že jsem dělal, co jsem cítil ve svém srdci. Možná to byla jedna z těch situací, proč jsem později uvedl moto: „následováním svého srdce nic není nemožné". Další zajímavá myšlenka byla, což mi někdo řekl, že užít slova „není" je negativní, že bych měl užít pozitivních slov. Myslím si, že slova „není" nebo „nemožné" může vytvořit spojení s těmi, kdož jsou analytičtí nebo s těmi, kteří hledají, protože tato slova někdy lidé užívají při svém hledání. To nutně neznamená, že jsou negativní, hluboko uvnitř podvědomě cítí neomezený prostor absolutní svobody. Nicméně všichni přitahují ty, kdo mají být přitahováni.

Začal jsem se tedy zajímat o bojová umění, později jsem byl na semináři kung-fu, pak chi-kung a sám jsem se naučil tai-chi. Bylo tak příjemné objevit tyto nové oblasti. Cítil jsem, že musím praktikovat a že tohle bude moje cesta jak se dostat hlouběji. Bylo příjemné najít stav vyrovnanosti s přírodou. Když jsem cvičil v parcích nebo někde uprostřed lesa, byly tam neopakovatelné okamžiky, ve kterých jsem cítil absolutní vyrovnanost s vesmírem a s přírodou kolem mě. Je pro mě těžké to popsat, ale můžete si představit, že jste někde ve středu světla. Jakmile jej dosáhnete, „stanete se prostorem".

Později jsem zjistil, že dokážu růst rychleji. Cítil jsem, že potřebuji něco, co možná prohloubí moji zkušenost. Začal jsem tedy hledat meditační komunitu. Naštěstí v tomto období existoval časopis, ve kterém mělo mnoho takových skupin svoje inzeráty. Šel jsem tedy do první komunity v seznamu. Zde jsem cítil, že to není můj šálek kávy. Poté jsem šel do druhé v seznamu a tam, nevím přesně proč, jsem zůstal. V této komunitě[9] jsem se cítil lépe. To není posuzování; propojení, které cítíte, je důležité.

Již jsem měl zkušenost s meditací. Pamatuji si, jak dlouho předtím, než jsem začal meditovat, jsem si připravil místnost s květinami a svíčkami a jak jsem byl schopný sedět téměř pět minut. Ale protože jsem měl potřebu meditovat každý den, tak se tento čas prodlužoval.

Mnohem později jsem si uvědomil, že čas není důležitý. To, jak dlouho medituji, ale co je důležité, je pohled. Oči, skrze které vidíme svět. Časem jsem přišel na to, že meditace je jen nástroj, cesta k posílení hlavního proudu, myšlenky hlubokého klidu a svobody a toho, že jsme tvůrci přítomnosti.

---

[9] Meditační centrum tibetského buddhismu Diamantové cesty Karma Kagju

Přidal jsem se tedy k této komunitě a dnes bych řekl, že to pro mě bylo docela dobrodružství, být součástí této skupiny. Můj stávající svět se otočil o 180 stupňů k lepšímu. To bylo v roce 1997, před 18 lety, kdy jsem nějak cítil, že bych v této skupině měl být a provádět meditace rozvíjející soutředění. Naučil jsem se, že motivace je velmi důležitá. Ve skutečnosti nezáleží na tom, o co se jedná, s čistou motivací vždy dosáhnete cíle. Slyšel jsem příběh, který je mojí inspirací a pokusím se ho říci tak, aby byl pochopitelný. Kdysi dávno byl muž víry, který jako všichni následoval tradici v odříkávání modliteb. Jednoho dne přišel do chrámu a přidal se k ostatním, kteří odříkávali modlitby. Co se však stalo – nad jeho hlavou se objevil anděl. Všichni byli šokováni. Pak se tohoto muže zeptali, jak to děláš? A on odpověděl: „No, já jen odříkávám modlitbu." A pak jim řekl celý text. Oni však řekli: „Ale to je špatně, text je jiný. Musíš to říct správně." Muž tedy začal říkat modlitbu tak, jak měla být. Anděl nad jeho hlavou se již nikdy znova neobjevil. Co tento příběh říká? Možná, že pokud následujeme co je takzvaně správně, nebo jak mají věci být, že to není v souladu s naším srdcem, a proto nemožné se nemůže stát. Jinými slovy, že přehrady zastaví proud energie.

Co se snažím říci je, že následováním srdce nepotřebujete dělat rozdíly nebo volby. To přichází zevnitř, a ačkoliv to možná vypadá, že celý svět nesouhlasí, jste unikátní, a proto co přichází zevnitř, je unikátní; nevzdávejte to. Buďte jako váš tep srdce; buďte sami sebou. Zde by někdo mohl říci: „Pokud chci něco spáchat, co je považováno za špatné, měl bych to udělat?" Znáte odpověď, že ano? Každá lidská bytost přirozeně ví, co je dobré nebo špatné. Musíte také vědět, že pouze vy jste zodpovědní za vaše činy.

Nechte mě říci jednu věc: naše srdce nejsou schopná cítit něco nesprávně. Proč? Protože jsme tvůrci. Mysl v její dokonalosti je za vším dobrým či špatným. Když se narodíme, to je ryzí čistota, nejsme schopni cítit něco špatně. Něco špatného přichází, když si myslíme, že to je špatné. Jednoduše jsme vtiskli tyto *„obrázky"* do našich buněk způsobem našeho myšlení. Pokud budeme pokračovat dále, „podívejte se za formy", naleznete čistotu svého srdce.

Na samotném začátku jsem chtěl udělat nějaké změny. Některé z nich jsem udělal vědomě. Jeden z mých cílů bylo mít více prostoru pro meditaci. Cítil jsem, že to je v mém životě důležité. Kombinace praktikování bojových umění a meditace mi zabralo hodně času, téměř každý den a někdy dokonce několik hodin denně. Později jsem se rozhodl soustředit pouze na meditaci. Jak někdo řekl: „Nemůžete jet na dvou koních". Tehdy jsem neměl ponětí, jak velké dobrodružství to bude. Když začnete dělat něco opakovaně, vezme vám to nějaký čas, skrze sebepozorování, vidět vlastně, co se děje. V několika měsících jsem prošel novými zkušenostmi a definitivně jsem cítil, že jsem nabral svůj nový životní směr. Jedna z těchto zkušeností byla, že jsem rozpoznal chuť „vnitřní svobody". Stalo se to náhle, v mé mysli nebylo žádné úsilí, dokonce ani jakékoliv proudy myšlenek a mé tělo bylo tak lehké. Představte si, že cokoliv se v takovém okamžiku stane, je téměř to samé, jako když buňky ve vašem těle vibrují láskou; cokoliv, ať už je to pozitivní nebo negativní, cítí to samé, vysokou vibraci, kterou známe jako lásku. Když už mluvíme o zkušenostech, další se stala o něco později. Pokusím se ji popsat nejlépe, jak je to jen možné. A jsem si vědom, že slova nejsou dostatečná k vysvětlení, jak to ve skutečnosti bylo. Věřím, že je vždy možné být inspirován, i když jen jednou částí celého příběhu. Toto je trochu choulostivé, protože sdílení určitých zkušeností není doporučováno. Je třeba říci, že takové zkušenosti jsou vaše vlastní, a nikdo je nemůže cítit přesně tak jako vy, proto sdílení těchto příběhů může vytvořit nedorozumění. Věřím, že v komunikaci jsou více než slova. Psychologie říká, že například řeč těla je také součástí komunikace. Mluvím o „informaci"; nevidím rozdíl mezi budoucností, přítomností nebo minulostí. Takže co bylo řečeno nebo vlastně napsáno v této knize, má vibraci okamžiku, který nastal právě teď, a dokonce i pocity spisovatele. Nejde o slova, ale o samotné stvoření a spojení s celým vesmírem minulosti, přítomnosti a budoucnosti.

Ačkoliv něco bylo řečeno bez ohledu na to, co je identifikováno na základě minulosti, zkušenosti s touto informací jsou vždy absorbovány na základě dostupné kapacity, řekněme podvědomé úrovně.

Takže zde je příběh. Vlastně se to opět stalo v mém snu, ten ale měl na můj život velmi hluboký dopad. To byla další zkušenost, ze které jsem čerpal inspiraci. Objevil jsem se na ulici. V prvním momentě jsem zjistil, kde jsem a v druhém momentě jsem si uvědomil, že moje pocity byly odlišné od mých běžných. Takhle jsem se necítil nikdy předtím.

Bylo to, jakoby každá buňka v mém těle vibrovala opravdu vysokou frekvencí a stejně tak vzduch kolem a všechno ostatní. Bylo to, jakoby energie celého vesmíru byla koncentrována v neurčitém bodě a těchto bodů bylo v tom momentě nekonečně. Všechno bylo tak vysoce kontrastní; barvy byly silnější. Pak jsem si uvědomil vlastní „vysvobození". Byl jsem si vědom, že všechno, co v ten moment udělám, bude možné. Má mysl byla rozšířena do nekonečného prostoru. A pak jsem si vzpomněl na tu část z filmu Matrix, kdy Neo využil svých nových schopností a vzlétl. Inspirován tím jsem si řekl „Proč bych to nemohl udělat?" Tak jsem skočil, připraven letět a před tím, než se cokoliv stalo, jsem se probudil.

Díky této zkušenosti jsem později zjistil, že se v mém životě něco změnilo. Že mi určitá svoboda byla dostupná. Jak jsem řekl, nečekám, že celý příběh bude pro někoho jiného tak silný, jako byl pro mě, ale doufám, že alespoň nějaká část tohoto příběhu vás inspiruje.

Nyní bych se rád vrátil k tématu času, co znamená čas v tom, čemu věřím. Co vlastně je budoucnost? Již jsem zmínil, že budoucnost, přítomnost a minulost se slučuje v jeden celek a že oddělovat je, je začátek „nečekaných" následků. Cítili jste někdy chuť neurčitosti, kdy jste byli soustředěni na budoucnost? Kdy jste se pokoušeli zařídit všechny důležité věci tak, aby bylo jasné, čeho bude dosaženo v budoucnosti? Věc se má tak, že když do vaší mysli něco přidáte, ukazuje se důvod pro omezení, protože jsme byli naučeni, že vše má začátek a má také konec. Co když změníte vnímání času a představíte si, že budoucnost je obsažena v přítomnosti? Při navyklém užívání slov jako „musím" následují pocity frustrace, což nepomáhá cítit nekonečný klid uvnitř. Když dosáhnete určitého cíle, vzápětí přichází další. A jedním neviditelným výsledkem je, že náš „domov", kde se obvykle cítíme bezpečně a který v našich srdcích vyvolává teplo, se stává prázdným a ani si toho nevšimneme. Hlavním cílem je pochopit, že tam není žádný cíl. Pokud se vzdáme budoucnosti, můžeme ji sledovat jako pozorovatel. Avšak v této pozici tam stále může být pocit oddělenosti. Rád bych se teď soustředil na to, jak uvolnit napětí v povědomí budoucnosti a minulosti. Velmi často se stává, že jsme „zamrzlí" v budoucnosti nebo minulosti, nikoliv však v přítomnosti. Dokážu si představit, že ten, kdo říká: „Zkus se soustředit na přítomnost.", vytváří další napětí. To se většinou stává, když mladí entuziasti objeví východní filozofii.

Když vstoupíte do řeky, její proud má tendenci jít dále ve směru řeky. Uvědomujete si každý další moment? Jak vypadá nebo zda znáte či neznáte směr řeky? Protože nebylo možné vědět, jak silný proud je, možná potom přijde jako překvapení ona rychlost, jakou se pohybujete. Být překvapený je okamžik, když jste v přítomnosti. Věděli jste, že můžete natáhnout tento „sval"? Čím více jste překvapení nebo vzrušení, tím více rozšíříte chuť reality a jejího neomezeného potenciálu. Být v okamžiku „teď" není rozhodnutí, ani intelektuální chápání, ale hlavně je to pocit ve vašem srdci. Je to totéž, jako když jste ponořeni v lásce a vaše mysl a tělo vibrují.

Řekl bych, že časová osa je jako řeka, není v ní začátek ani konec. Je tam neustálý pohyb a není možné počítat každý další okamžik, protože je to nekonečný proud. Když se podíváte na tento neustálý pohyb, můžete vidět jak se pomyslná budoucnost a minulost mísí s přítomností. V této časové ose nebo řece nejsou přehrady, které by oddělovaly jednu část řeky od další.

Jak už jsem řekl, z určitého úhlu pohledu budoucnost neexistuje. Když myslíme na to, co naše budoucnost obsahuje, pak vytváříme budoucnost uvnitř nás.

Někdy to je, jako bychom byli umělci. Malujeme obraz skutečnosti, všechno začíná v naší mysli, ale nic není, jak to vidíme. Všechno je přirozeně dokonalé, ale je tam rozdíl mezi tím, co vidíme a co vlastně bylo viděno. V naší mysli jsme schopni vytvořit takzvanou pseudo-skutečnost. Stejná věc je viděna z neomezených úhlů pohledu, jelikož máme neomezenou schopnost tvořivosti. Když vidíme celistvost, naše iluze je v širší perspektivě až do okamžiku, kdy ji uvidíme jako iluzi.

Pojďme to udělat komplikovanější a představme si, že je rozdíl mezi tím co vidíme a co bylo viděno. Akt vidění vlastně vede k jednotě, protože lze říci, že perspektiva reality nemá až takovou potřebu být součástí. Od doby, kdy jsme se narodili, všechno nás vedlo k dosahování, museli jsme instinktivně investovat úsilí do věcí. Proto má mysl „potřebu". Ale co když bez úsilí je možné jít až za samotnou sílu. Tato potřeba tu je na základě identifikace; jednoduše jdeme s energií. Možná proto byly v historii války.

Velmi často mluvím o mysli a nedávno jsem diskutoval o tom, co vlastně mysl je. Někdo argumentoval, že mysl je racionální, čili to, co myslíme. Říkám, že mysl je prostor. Možná to je těžké pochopit, ale biofyzici objevili, že kolem našeho těla máme měřitelné pole. Věděli jste, že biofotony, částice pohybující se rychleji než světlo, prakticky nevytváří žádný pohyb, protože jsou ve stejném čase kdekoliv. Experiment, v němž byly biofotony postulovány a který poskytl měřitelné hodnoty, byl proveden současně na dvou kontinentech. Tyto biofotony by měly nosit informaci, naši myšlenku. Vypadá to, že jsou určité náznaky, a ne jeden, že máme k dispozici prostor v perspektivě, v níž jsme našimi vlastními tvůrci tohoto světa. Již dříve jsem se pokoušel toto vysvětlit, takže teď máme o další vodítko více, že mysl je prostor. Navíc bych mohl připomenout, že jsme neoddělitelní od všeho kolem. Fyzicky to nevypadá, že tam je oddělenost. Můžete zažít určité situace, kdy je těžké říci, že to je neoddělitelné, ale to je více otázka našeho vnímání. Věřím, že postupně budeme schopni udělat více, než jen změnit vnímání.

Někdo řekl[10]: „Ten kdo řekne této hoře: ‚Zdvihni se a vrhni se do moře' – a nebude pochybovat, ale bude věřit, že se stane, co říká, bude to mít." Když jsem toto četl, cítil jsem, že lidské bytosti dokážou více, než si myslíme. Bylo to něco, co jsem znovu objevil. A cítil jsem, že je to něco známého, zkušenost, možná z jiné doby.

Dobrá tedy, pojďme to trochu uvolnit a nechte mě jít zpět k mým životním příběhům. Rád bych mluvil o době, kdy jsem kreslil. Pamatuji se, že můj otec měl ve své pracovně zvláštní obraz. Když jsem tam jednoho dne byl a něco dělal, můj zrak byl k tomuto obrazu přitahován. Byl jsem jím ohromen. Obraz byl formátu A6, takže byl malý, ale se všemi možnými detaily. Rozhodl jsem se něco nakreslit a použít podobnou techniku, jaká byla na tomto obraze. Tehdy mého kamaráda jeho rodiče učili, jak být „umělcem". Když jsem ho navštívil a viděl, jak nádherně vypadaly jeho obrazy, to mě také inspirovalo. A tak jsem začal hledat svůj styl. Protože jsem byl inspirován obrazem z pracovny mého táty, snažil jsem se nakreslit prvky jako stromy a další: Vypadalo to docela dobře až na nějaké detaily, které jsem se musel naučit později.

S tímto obrazem vlevo je také spojený příběh. Když jsem věnoval čas kreslení doma, chtěl jsem se naučit tak moc, jak to bylo možné. Cítil jsem, že přišel čas jít ven a kreslit podle skutečnosti. Neměl jsem pocit, že jít a kreslit na ulici je něco jednoduchého, zkrátka jsem zatím neměl tu zkušenost. Tak jsem posbíral veškerou svou odvahu a šel do nejvíce turisty navštěvovaných míst, sedl si na ulici s tužkou a kreslil kostel. Téměř u konce mého kreslení někdo přišel a dal mi jeden dolar. Byl jsem tak nadšený! S vděčností jsem ukončil kreslení rychleji, než jsem čekal a běžel jsem domů. S celým svým vzrušením jsem řekl rodičům, co se stalo.

To je příklad, kdy vášeň hraje svou vlastní roli. Bez ohledu na to, co děláte, dělejte to s vášní. Myslím, že opravdu není důležité, co děláte, ale vášeň je jazyk vašeho srdce a vaše srdce je tak lehčí. Nedávno mi můj synovec řekl, že mu na pohovoru někdo položil otázku: „Co vás motivuje ráno vstát?" To je otázka k určení jeho vášní a ambicí, více však jeho vášní. Pravdou je, že vášeň je propojena s motivací. Řekl bych, že vášeň více souvisí s pocity a motivace více s chápáním. Jsme motivováni tím, co dělá naše srdce lehčí, bez ohledu na to, co se děje.

KAPITOLA 4: MEDITACE

Nemusíte být náboženský zaměření, abyste mohli meditovat. Meditaci také můžete využít k vlastnímu „zplnomocnění." Velmi často je meditace srovnávána s náboženstvím, to však není nutné. Na druhé straně je také srovnávána s kontemplací a racionalitou. Protože vyrůstáme v prostředí, kde logika má hlavní pozici, nejsme daleko od okamžiku, kdy se obrátíme k intuitivní úrovni. Řekněme, že logika a intuice se postupně vyrovnávají a je úžasné, že obě strany mají vlastní a důležité role. Pravděpodobně nebudu první, kdo říká, že meditace rozšiřuje vědomí. Co to znamená? Zkušenost je, že lidé s mnohaletou meditační praxí jsou schopni například slyšet a cítit více ve srovnání s jejich předchozím stavem. Existuje mnoho prokázaných výzkumů a teorií o tom, co meditace způsobuje. Pravděpodobně další nová teorie bude vytvořena zde, to však není záměr. Jen se snažím psát o svých zkušenostech, možná nejsou pravdivé nebo lépe řečeno je to tak, jak to vidím teď. Jelikož všichni se posunují ve svých životech dopředu, pravděpodobně o pár let později budu říkat něco jiného. Věc se má tak, že pokud nyní dospěji k závěru, co je to meditace, pak později, bez ohledu na to, kde se budu nacházet, pravděpodobně budu mít na tuto věc odlišný pohled. Jinými slovy: „Přijímám vlastní iluzi."

Nejprve bych rád řekl (po několika letech s mnoha meditačními instrukcemi od východních učitelů), že musím přiznat, že jsem byl vždy skeptický, když někdo napsal knihu o meditacích a on nebo ona byli z Evropy. Věřím, že je užitečnější jít ke kořenům, kde meditace je ve společnosti prominentí.

Zde přichází další otázka – jak rituály a tradice ve společnosti definují původ. V podstatě to znamená, že vlivy prostředí vytváří tradice a rituály, což je přirozené. Ale co když tradice nebo rituál jsou praktikovány v jiném prostředí? Dovedete si představit, jak by to vypadalo v dětství, kdyby se na základní škole vyučovaly meditační techniky, kupříkladu byste měli úkol připomínat si, že máte osobní ochránce nejrůznějších forem? Další otázka je nasnadě – kdo je ochránce nebo proč by měly být meditační techniky vyučovány ve škole? Pro nás tohle možná vypadá zvláštně. Samozřejmě to neznamená, že to je zvláštní, ale je to jednoduše dáno tím, že jsme vyrůstali v jiném prostředí. To je důvod, proč by meditace měla být zjednodušena do takové míry, jak je to jen možné.

V meditaci v podstatě posilujeme jiný pohled na svět. To může být praktikováno nejrůznějšími způsoby a myslím, že tradice nejsou nutné. Například můžete jít do parku sednout si na lavičku, poslouchat, dýchat, zapojit všechny své smysly a jen sledovat. Nebo můžete jít po ulici a tím, že jste si vědomi, můžete vidět příležitosti, kde jsou potřeba láska a soucit.

KAPITOLA 5: OSVÍCENÍ

Nedávno se mi zdálo pár snů, které ukazovaly, jak neomezený potenciál máme jako lidské bytosti. První sen byl o tom, jak jsem se potkal s pozoruhodnou bytostí. Vše, co jsem viděl, byl někdo bez tváře. Vnímal jsem světlo, které z něj vycházelo. Působilo tak blaženě. Pak jsem přišel k nějaké desce na zdi, která v dalším okamžiku připomínala seznam všech jmen. Jedno z těchto jmen mělo před jménem titul

„vysvobozený". V mém druhém snu všechno vypadalo jinak. Nic nebylo rozmazané, naopak to zářilo. Byl jsem svědkem procesu, kdy vše se transformovalo do odlesku.

Další příběh je diskuse o tom, proč bychom neměli opouštět své cíle, navzdory tomu, jak vysoké jsou. Řekněme například, že se chcete stát kosmonautem. Když půjdete ke svým přátelům, možná vám řeknou, že to je nemožné a vy pak na jejich radu upustíte od svého záměru. Někteří lidé dokonce mají takovou ambici několik let a pak jsou zklamaní, když vidí, že navzdory tomu, kolik úsilí investovali, cíle nedosáhli. To je špatně! Pokud chcete být kosmonaut, pak když se probudíte, vaše první slova by měla být „jsem kosmonaut". Když někdo říká, že nejste kosmonaut a že jím nikdy nebudete, pak mu řekněte: „Jsem kosmonaut a jsem ochotný pro to zemřít."

Nyní je čas říci, co je osvícení a proč zde je, stejně tak jakou roli má v životě. Pamatuji se, když se mě někdo zeptal, co osvícení je, vypadalo to, že jako slovo je to od jeho reality vzdálené. To je to, co jsem cítil v té otázce. Ze všeho nejdříve nepotřebujeme označení, aby nám pomohlo rozlišit svobodu a osvícení. Jeden z mých učitelů řekl, že moment strávený hledáním jmen je moment ztrácející vlastní esenci toho, co má být pojmenováno. Pak je těžké udržet otevřený prostor, plný možností. Slova dnes obecně mají významy, které v historii byly jiné.

Je pravděpodobné, že význam „být šťastný" není v západní společnosti propojený s něčím duchovním. Máme tendenci racionalizovat veškeré významy, takže osvícení je chápáno ve významu technologického vývoje. Nakonec to je jen slovo a jak jsem řekl, není nutné mít pojmenování. Ale jeden příběh může poskytnout chuť toho, o čem mluvíme. Kdysi dávno žil velký učitel, který byl velmi slavný. Učil o tom, co je osvícení. Jednoho dne k němu někdo přišel a s veškerou úctou řekl: „Mistře, můžeš mi říci, co je osvícení?" Učitel místo odpovědi zvedl lotosový květ. A to byla dostatečná odpověď k dosažení nevyčerpatelné blaženosti.

Další inspirativní příběh je o studentovi, který přišel k učiteli a zeptal se ho, co je osvícení. Učitel mu odpověděl: „Víš co, řekni mi, jak je osvícení velké?" Žádná odpověď nebyla vyřčena, a tak student odešel. Vrátil se po mnoha letech a řekl: „Já opravdu nevím, jak je osvícení velké." Učitel řekl: „V pořádku, nyní mi řekni, jakou má osvícení barvu?" Student nevěděl, a tak odešel. Znovu se vrátil po mnoha letech se stejnou odpovědí, že neví, jakou má osvícení barvu. To se opakovalo mnohokrát až do okamžiku, kdy mu učitel dal konečnou odpověď. Řekl: „Osvícení neexistuje!" Tato odpověď pro žáka znamenala dosažení nevyčerpatelné blaženosti.

Nyní se může objevit další otázka. Co to znamená, že něco neexistuje? Samozřejmě je možné se čehokoliv dotknout. Takže jak je možné, že něco neexistuje? Věděli jste, že výzkumníci z Rice University byli svědky toho, že samotný atom zmizel během experimentu v ideálním vakuu? Takže to je fyzicky možné. Možná nyní máme úkol zjistit, proč se to stalo. Existuje několik teorií, ale žádná z nich nebyla dosud prokázána. Řekněme, že na co myslíme, je dokonalý obraz toho, co vidíme. Ačkoliv všechny smysly jsou zapojeny, vše se zdá být tak skutečné, ale není.

Například pokud mluvíme o čase, který se neustále mění. Co cítíme, je naše volba, neboť ostatní v řadě nemůžou mít stejný pocit nebo schopnost cítit jako my. Pokud by další v této řadě popisoval své pocity, byly by jiné, určité doprovodné faktory jsou vždy jiné, jako jsou čas a zkušenosti, které jsou odlišně formované v každém individuálním životě. Snažím se dostat blíže k významu toho, co je iluze, pochopením její podstaty. Je jasné, že zjistíme, co to znamená, že něco neexistuje.

Moment, kdy myšlenka něco obsahuje, je nenávratně pryč. Je téměř nemožné zachytit přítomný okamžik pokud mysl není prázdná, prostá jakéhokoliv obsahu. Je to skoro jakoby obsah byl počátkem stvoření. Stále si myslíte, že co vidíte, skutečně existuje? Je to jen jiná perspektiva, když říkáme, že něco neexistuje. To ale neznamená, že popíráme, co vidíme. Naopak s tímto odlišným pohledem jste ve stavu absolutní otevřenosti. Všechno se pak zdá lehčí. Přitažlivost vytváří potřebu energie a to ze samotné zkušenosti nedává svobodu.

Někdo by řekl: „Počkat, ale já mám svou svobodu". Jelikož máme osobní potřeby, nejsme svobodní. Tím myslím, že naše myšlení má podvědomou potřebu rozlišování, jinými slovy dualismus. Je těžké být šťastný, když nevěříme, že je možná prostá asociace s našimi vzpomínkami.

Hádám, že to stále není jasné. Možná máte takový zvláštní pocit, co se týká osvícení. V takovém případě pravděpodobně nejste někdo, kdo má zájem o duchovní cestu. To je v pohodě. Není potřeba být duchovní. Ale určitě byste rádi byli šťastní nebo žili spokojený život. My všichni chceme to samé. My všichni máme momenty štěstí, kdy se cítíme blažení a klidní. Mám návrh: Pojďme takový stav nazvat osvícením. Je to znamení; oheň v našich rukou, máme moc, aby se to stalo, protože jsme tvůrci našeho světa.

KAPITOLA 6: NE VŽDY JSEM MĚL SKVĚLÉ ZKUŠENOSTI

Pamatuji si přednášku na téma „jak pomáhat ostatním." Jeden z výstupů byl, že soucit má být aktivní pro dobro ostatních. To je však těžké, pokud nemáme stejnou zkušenost jako ten, kdo zažívá něco nepříjemného. Když je nedostatek zkušeností, soucit neposkytne dostatek motivace. A nakonec ten, komu pomáháte, se nebude cítit, že našel někoho, kdo mu rozumí.

Co se snažím říci je, že navzdory tomu, jak úžasné zkušenosti jsou v této knize, měl jsem i období těžkostí. Podle slov někoho nejmenovaného „neskončil jsem v nepříjemných pocitech, naopak jsem si z tohoto období hodně vzal." Řekněme, že to je důvod, proč jsem tak propojený se „sebepřijetím."

Pamatuji si situaci někdy na počátku, když jsem začal meditovat. Rozmlouval jsem s někým, kdo měl depresi. Když jsem mluvil, cítil jsem, že se z mého srdce něco uvolňuje. Cítil jsem to proto, že jsem již zažil něco velmi podobného. To byl důvod, proč jsme byli tak propojení. Když jsem skončil v hovoru, cítil jsem schopnost něco říci, co uvnitř způsobilo velké uvolnění. Poté se dostavil její pláč, byla opravdu vděčná.

Naučil jsem se, že bychom se nikdy v našem životě neměli vzdát. Když je situace opravdu nepříjemná a vy jdete skrze zklamání a nepříjemné pocity, přes které nejste schopni se dostat, nevzdávejte to! VÍM, že to je možné, najít cestu ven.

Měl bych pro vás pár argumentů: například nádherná louka s květinami, svěží vzduch s vůní lesa a vánek, který ohýbá listy. Zhluboka se nadechněte a ve vašem výdechu si zkuste vzpomenout na to, když vás objala vaše maminka ve cvíli, kdy jste měli strach. Jak jste se pak cítili?

Nic není beznadějné, věřte mi. Pokud jste se tak někdy cítili, pamatujte, že váš potenciál a síla je mnohem větší, než si myslíte. To bylo v podstatě objeveno v situacích, ve kterých, když dítě je v nebezpečí, jeho matka je schopná vyvinout takovou sílu, která by byla nemyslitelná v běžných podmínkách.

Vím, že na příjemné pocity je těžké si vzpomenout, jsou to chvíle, kdy je těžké cítit cokoliv příjemného vůbec. Proto je užitečné požádat o pomoc, nebo jen být s někým, kdo je pro vás inspirativní. Být v blízkosti vašeho kamaráda nebo kamarádky, kteří se téměř pořád smějí, nebo toho, kdo dělá cokoliv, co ve vás spouští příjemné pocity.

Pamatuji si, jak jsem s někým mluvil o jeho nepříjemných myšlenkách a v ten moment byla mezi námi důvěra. Důvod, proč byl schopný mluvit o tak citlivém tématu, byl ten, že jsem byl schopný ho přesvědčit, že to, co se chystá udělat, není řešení. Není to pouze ve slovech, vaše zkušenost může také dát váhu vašim slovům.

Tohle je další vzpomínka. Pokud byste měli všeho dostatek, byli byste ochotni nabídnout všechno pro dobro ostatních? Jednou jsem potkal někoho, kdo byl v takové pozici. Ačkoliv on měl všeho dostatek, přesto začal meditovat. Logicky to bylo v pořádku, ale řekněme trend byl jiný. Velmi často lidé začínají meditovat, protože mají ve svém životě nedostatek. A někdy proto, že nejsou šťastní. Možná to je důvod, proč nenajdete meditační centra na Havaji.

Cítil, že by mohl jít mnohem hlouběji ve svých meditacích a tak kontemplovat o svých volbách v životě. Rozhodl se tedy vzít práci jako pečovatel v nemocnici, s cílem prohloubit svůj soucit, protože utrpení přináší rozpoznání čistoty našeho srdce a naší lásky k ostatním.

Nedávno jsem se zúčastnil diskuse o tom, co je oddělenost a jak ovlivňuje naše životy. Díky této diskusi jsem si uvědomil, že je těžké rozpoznat, jak se v situacích oddělenost projevuje. Když říkám oddělenost, myslím všeobecně, obvykle máme tendenci dávat naše ego na první místo jako součást okolního světa.

To se děje a velmi často o tom nemáme ponětí, ačkoliv bychom rádi. Možná proto je užitečné meditovat, protože s prázdnou myslí je méně potřeb dělat soudy. Před dávnými časy jsme se naučili, že schopnost rozlišovat nás může ochránit a to byla velmi užitečná znalost. Dnes jsme ale někde jinde, je jiná doba, ve které je naše ochrana přirozená. Řekněme, že nepotřebujeme rozlišovat, protože mysl spolu se všemi změnami na zemi se stává postupně více a více „soustředěnou".

Když říkám všechny změny na zemi, mám na mysli především změny v elektromagnetickém poli. Možnou příčinou toho je posunování pólů. Někteří vědci mluví i o přirozených změnách v naší DNA, vyvolaných kosmickým zářením.

Rád bych popsal i jiné úhly pohledu na toto téma. Myslím, že existuje velmi tenká hranice mezi mezi dvěma argumenty. Jeden z nich je přehnaný příklad: Jak to je, když lidé dělají negativní věci a jaký přístup bychom měli mít, pokud myslíme, že nejsme oddělení nebo že všechno je v jednotě. První otázka je proč? Kdysi jsem slyšel inspirativní příběh, že jeden z mých učitelů byl v situaci, kdy k němu se štěkotem běžel pes a vypadal opravdu nebezpečně. Všichni kolem se obávali toho, jak to skončí. Ale co se stalo, bylo nečekané a zároveň šok. Pes těsně před mým učitelem skočil a pak velmi blízko něj znenadání dopadl na zem se zcela zklidněnou náladou. Vypadalo to, že se chce mazlit. Zajímavé, že ano? Nyní, když se znovu zeptáme proč, máme lepší „chuť" odpovědi.

Proč tento pes změnil svou vlastní náladu, co ho k tomu vedlo? Můj učitel byl klidný a neměl jakýkoliv strach. Především pochopit motivaci je cesta jak být na stejné vlně. V tom vidím jednotu. Oddělenost začíná v okamžiku, kdy myslíme na vyvolaný pohyb. A to se odehrává ve vaší mysli. V praxi to vypadá asi takhle: „Běží ke mně pes, co mám dělat? (*Zde začíná strach*) Nebudu dělat nic." Co si myslíte, že se stane? Pes bude následovat nadále svůj záměr bez jakékoliv změny. Ale co se stane, pokud nebudete myslet? Objeví se láska s prázdnou myslí? Pes tak možná změní svůj záměr. Proč? Protože nebudete přemýšlet o něm jako o psu, ale budete na něj myslet jako byste mysleli na sebe, což vlastně znamená, že vy jste pes. Když je mysl plná myšlenek, nemá prostor, a tak vaše myšlenky vždy budou mít začátek a konec, což není v jednotě.

Pojďme zpět k původní otázce a formulujme ji znova: „Jak se můžeme naladit na někoho, kdo dělá něco negativního? Jak se dostaneme na stejnou vlnu, abychom mu pomohli?" Představte si, že jste byl po velmi dlouhou dobu frustrovaný; možná proto, že chcete cítit lásku. Bohužel pro vás neměl dostatek lásky nikdo. Jak si myslíte, že s tím můžete skončit? Je mnoho možností, ale řekněme, že všechno, co poté uděláte, bude vaše touha po jakékoliv lásce.

KAPITOLA 8: HLEDAČI ENERGIÍ

Velmi často ke mně přicházejí lidé, kteří jsou nadšení, protože objevili novou mentální techniku, která jim dává pocit, řekněme podobný, jako když si koupíte dobrou čokoládu. Je to příjemný pocit. Tohle je pravděpodobně pro vás nové, ale neřekl bych, že příjemné pocity jsou cíl. Na začátku jsou užitečné, ale problém je, že obvykle máme tendenci se k nim připoutat. To souvisí s potřebou získt to, co je možné dostat. Představte si, že jste se museli obětovat po mnoho let. Možná pak máte pocit, že není nikdo, kdo by chtěl ocenit vaše úspěchy, když se konečně toto období změní a vy máte možnost dostat všechno zpět. Musíte chápat, že díky mnoha letům nedostatku není v lidských silách znát omezení, často nevíme kdy přestat.

Vzpomínám si, jak ke mně kdosi přišel a zeptal se, zda bych mu mohl vysvětlit jak meditovat. Šlo jen o to jak sedět, dýchat a soustředit se. Počítáním každého dechu, nebylo tam nic komplikovaného. Pak jsem řekl, že to stačí pro každodenní meditaci. Bylo pro něj těžké pochopit, že meditace je tak jednoduchá. Už něco věděl z internetu, toto však bylo jiné; jednoduché instrukce s vyžadovanou disciplínou.

Podobně mi řekl můj učitel, že příjemné pocity v meditaci nejsou cílem. Je to až za těmito pocity, pokud chcete jít hlouběji.

Na druhé straně nedostatek příjemných pocitů je důvod odpojení se od ostatních a i vlastních pocitů. Proto akumulace příjemných pocitů je dobrá cesta k získání prostoru v mysli.

Pojďme se teď na to podívat z jiné perspektivy. Vyrostli jsme v prostředí, ve kterém se očekává, že úspěch je cíl, a tak jsme se ve škole naučili systematický přístup. Logické myšlení je velkou doménou. Je to skvělý základ pro schopnost se soustředit, ale znalost logických souvislostí dává pocit omezených voleb, protože nám bylo řečeno: „Nemůžete!" Pak přichází překvapivý závěr: „Musíš!" Podvědomí promítá zprávy inverzně tímto způsobem, očekávání tak není naplněno. Naopak ostatní mají místo toho úspěchy. Co nám pak zbývá, je upustit od očekávání a hledat náhradu. Zde přichází potřeba příjemných pocitů, protože ty mohou pomoci s krátkodobým úspěchem.

V každém případě jakékoliv aktivity mohou otevřít něco nového. Místo čekání na uspokojení udělat něco užitečného. Pamatuji se, že před mnoha lety jsem se přesně tak cítil, naplněný příjemnými pocity. Bylo to, jako bych byl zamrzlý na jednom místě, bez jakýchkoli výzev, které by mohly pomoci s mým posunem vpřed. Naštěstí to netrvalo dlouho. Dostal jsem příležitost položit otázku mému učiteli. Řekl mi, abych udělal něco pro dobro ostatních; něco, co je za mojí komfortní zónou. Cítil jsem, že ji opouštím a byl jsem vděčný za jeho odpověď.

Nedávno jsme měli výpadek elektřiny. Netrval dlouho. Šel jsem po ulici a viděl, co lidé dělají. Někteří byli venku před svými domy, kde pravděpodobně čekali, kdy se elektřina opět vrátí. To mi připomnělo inspirující citát z filmu „Kung-fu – legenda pokračuje[11]", kdy Kein řekl, že se světlem uvnitř můžete vidět ve tmě. To mě fascinovalo, a tak jsem se rozhodl to praktikovat, jakmile se naskytne příležitost. Ani ne tak záměrně, že bych se to šel někam naučit, možností vidět ve tmě jsem však byl zaujatý. Během jedné noci, kdy bych jako obvykle použil světlo, jsem tentokrát místo hledání vypínače využil příležitost to zkusit.

První pokus nebyl špatný. S technikami dýchání a znalostí, že všechny smysly musí být zapojeny, jsem nakonec dosáhl svého úspěchu. Jakýmsi způsobem jsem se cítil více otevřený. Když používáte svou paměť, je to iluze. Možná to je důvod, proč ve tmě nedosáhnete „vysvobození". Obraz toho, co jste již viděli, pak ve tmě instinktivně očekáváte. To dává falešný pocit, že co je viděno, je to, co by mělo být vnímáno.

Pamatuji se, že před mnoha lety v období mých začátků jsem měl příležitost jít na veřejnou přednášku. Po jejím skončení byla příležitost se zeptat učitele na cokoliv. Měl jsem otázku: „Když skončí světlo, kde je tma?" Odpověď byla pro mě vhled: „Ve světle není tmy!" Když existuje

---

[11] 1972 – 1975 televizní seriál v hlavní rolích David Carradine a Chris Potter

světlo, tma je vaše představivost. Myslíme, že tma existuje, ale tak tomu není. Jinými slovy, jste vždy světlo a to je nezničitelná pravda.

Další učitel mi řekl: „Když jsou vaše oči otevřené, je to čistá radost a aktivita. Když jsou vaše oči zavřené, je to absolutní hluboký klid." Vidíme, že lehkost se manifestuje ve světle. Mít oči zavřené znamená, že vidíme světlo uvnitř nás. Dovolím si teď trochu nostalgie. V chatě mých rodičů jsme kdysi neměli elektřinu, bylo příjemné vidět hořící lampy a svíčky ve tmě. Většinu času jsme mluvili nebo dělali něco společně a navíc celá chata měla propojené místnosti, takže jsme v této atmosféře mohli více sdílet.

KAPITOLA 10: PÁR VZPOMÍNEK VE FOTKÁCH

Tohle byl jedinečný moment, bylo to na školním výletě autobusem do Itálie na východní pobřeží. Všechno proběhlo normálně až do okamžiku, kdy jsme přijeli do cílového místa a já jsem byl přitahován pláží. Bylo mi jedno, co se děje s mými zavazadly, chtěl jsem najít nejkratší cestu na pláž. Když jsem se konečně dostal na pláž, tento okamžik byl opravdu silný. Něco uvnitř mě spadlo dolů; možná všechny moje pocity z 20 hodin strávených v autobusu. Bylo to poprvé, kdy jsem cestoval tak daleko. Jakoby skrze mě prošla velká vlna. Cítil jsem se poté velmi lehký. Měl jsem pocit, že moje tělo se změnilo jakoby do jiné úrovně, ve které se zdálo, že vše funguje lépe. Kromě toho byla moje mysl zcela prázdná. Mojí první myšlenkou bylo jít meditovat. Během meditace mě můj kamarád vyfotil, aniž jsem o tom věděl.

Tato fotka byla pořízena během vánočního období. Nepamatuji si příliš mnoho, ale bylo mi kolem sedmi let. Vánoce pro mě vždy byly vzrušující. Na této fotce jsme oslavovali s našimi sousedy. Můj táta zorganizoval v našem činžovním domě vánoční sešlost. My, děti, jsme byly hravé. Měly jsme prskavky, a protože tam byl strom s ozdobami a zapálenými svíčkami, naší hrou bylo zapalovat prskavky na stromě.

Tato fotka byla pořízena v Káthmándú v Nepálu. Říká se, že když přijedete do Indie nebo Nepálu, můžete mít dva různé dojmy. Buď uděláte rozhodnutí, že už se nikdy nevrátíte, nebo rozpoznáte to místo jako svůj domov. Jsem ve druhé skupině. Když jsem přijel do Káthmándú, od prvního okamžiku jsem cítil, že jsem přijel domů a zde na fotce jsem s naším průvodcem, budhistickým mnichem. Byli jsme u stúpy Boudhanath a moje první setkání s touto stúpou pro mě bylo opravdu silné. Později jsem si přál, že až jednou zemřu, rád bych, aby zde byl rozprášen můj popel.

Tato fotka byla pořízena v Káthmándú blízko stúpy Swayambu. Tento moment byl velmi blažený, zároveň jsem však cítil i lítost, protože jsme odjížděli na letiště. Co pro mě bylo nezapomenutelné a hluboké, bylo rozloučení s mými novými přáteli. Jeden kamarád nám každému dal ručně malovaný obraz a podle tradice jsme dostali hedvábnou šálu přes krk jako připomínku, že se jednoho dne vrátíme. Ačkoliv to pravděpodobně nebylo vidět, byl jsem dojatý z hloubi srdce.

Tato fotka byla také pořízena v Káthmándú. Přišli jsme do obchodu a chtěli koupit nějaké dárky. Když jsme začali mluvit, začali jsme se ihned spontánně smát, cítil jsem, že to bylo setkání s mým velmi starým přítelem, i když to bylo poprvé, co jsem ho viděl. Ihned jsme začali mluvit o životě, byl tak nadšený, že mě chtěl představit svému učiteli. Naplánovali jsme setkání na další den. Během dalšího dne jsme s ním šli do kláštera jeho učitele. V tu dobu měli mniši zkoušku a vůbec poprvé jsem je viděl sedět za sebou v hlavní hale na zemi v meditační pozici skoro jako ve škole. Měli papír položený na zemi. Byl to jen okamžik, protože pak jsme byli požádáni počkat venku. Doufám, že znovu potkám svého starého kamaráda.

S Jakubem se znám řadu let. Cestovali jsme spolu po Nepálu a Indii a od té doby, přestože každý žijeme na jiném místě, spolu udržujeme kontakt. Jakub je velmi bezprostřední, intuitivní a vědomý člověk. Jeho bezprostřednost se projevuje uvolněností, spontaneitou a humorem v každodenních situacích. Jinými slovy řečeno, Jakub se snadno dokáže uvolnit v tom, co právě je a tím mne velmi inspiruje. Jeho silná intuice je zřejmá při rozhovorech s klienty a kamarády. Jakub velice rychle dokáže vycítit a pojmenovat, co se v daném člověku právě děje. Tím spoustu situací a pocitů pomáhá vyzdvihovat na vědomou úroveň. Také dokáže vidět, co k jakým situacím v budoucnu může vést. Někdy je to tak silné, že ho podezírám, že střílí od boku a hraje si na vědmu! Každopádně se ale často trefí.

Tomáš Nutil je skvělý life kouč z České republiky. Je úžasným příkladem toho, jak to vypadá, když jste schopni plně si užívat vaši práci. Jsem vždy šťastný, když slyším všechny jeho vzrušující zkušenosti, které má, ať už jsou z duchovní nebo osobní oblasti jeho života. Je pro mě inspirací. Děkuji Tomášovi za jeho slova a inspiraci.

Znám Jakuba tři roky a zažila jsem s ním hluboké léčení, stejně tak momenty osvícení a uvědomění.

Jeho osobnost přináší pocit důvěry, upřímnosti, spolehlivosti a extrémní pozornosti pro blaho každého života, kterého se dotkne.

Jeho práce a obětavost zasahuje až za fyzické blaho; dotýká se srdce a duše každého, koho potkává. Pamatuji si živě, že během workshopu lovefullness, který Jakub vedl, jsem měla jedinečný a nejúžasnější zážitek a objev procesu a smyslu lovefullness.

Christine Le Nahedic je nejúžasnější bytost, jakou jsem kdy potkal. Je zakladatelkou Alala[12] (v překladu znamená: Vše pro lásku a lásku pro všechny), je to charita pro opuštěné děti v Brightonu (Velká Británie). Když jsme se potkali poprvé, bylo to, jako bychom se už znali velmi dlouhou dobu. Když přemýšlím o otevřenosti a laskavosti, Christine se vždy objeví v mé mysli. Děkuji Christine za její slova a za to, jaký anděl je pro všechny.

KAPITOLA 12: KONEC

Vím, že jednoho dne přijde čas a budu muset jít, ale před tím slibuji, že se vrátím a budu pokračovat ve své práci. Přemýšlel jsem o tom, co vlastně po mně zůstává. Moje filozofie je jednoduchá: „Buď inspirací a příkladem a hlavně pomáhej ostatním." Všechno končí: Slova, filozofie, dokonce i myšlenka, že jsme udělali tolik úžasných věcí. Co tedy zůstává? Je to naše mysl, absolutní světlo, a pokud budu žít znova tisíckrát, vždy naplním jedno poslání; že zde budu pro ostatní, že budu nápomocný a že budu dávat lásku a ochranu kdykoliv to bude možné.

---

[12] www.alala.org.uk

Moje mysl vždy pracuje v obrázcích. Tak jsem schopný vidět a pamatovat si, dokonce více než vlastní slova. Dlouho mám takovou vizi, rád bych, aby se stala. Jakmile opustím své tělo, rád bych se rozpustil ve světle a vyzářil do celého prostoru. Jinými slovy, světlo je základní forma; základní kámen, takže když jste světlo, jste všechno v neomezeném prostoru.

KNIHA „LOVEFULLNESS: TERAPEUTICKÁ METODA SEBEPŘIJETÍ"

Víte, že vaše pocity mají neomezenou sílu? Je to vaše dokonalost ve vás. Můžete znovuobjevit tento potenciál skrze tuto metodu. Tato kniha je souborem vysvětlení a instrukcí jak s touto metodou pracovat. Každá kapitola má svůj úkol, což by vám mělo pomoci pochopit podstatu této metody. Kniha je dostupná v distribuci Kosmas.

KNIHA „DOPISY LÁSCE"

Tato kniha je o lásce, jednotě a vášni, která vzplane, když jste zamilovaní. Je skvělým dárkem pro vaši nejdražší. Kniha je dostupná v distribuci Kosmas.

ŘÍZENÁ RELAXACE NA MOTIVY „LOVEFULLNESS"

Dostupné na stránkách www.supraphonline.cz

RELAXAČNÍ HUDBA ZKOMPONOVANÁ K TÉTO KNIZE

Dostupné na stránkách www.supraphonline.cz